JOSEPH VIOLA

LE COLISÉE

ET LES

COMBATS DES GLADIATEURS

Notices historiques archéologiques

rédigées pour l'occasion des fêtes

de l'Exposition Internationale

de Rome de l'an 1911

ROME

FORZANI ET C. IMPRIMEURS DU SÉNAT

—

1911

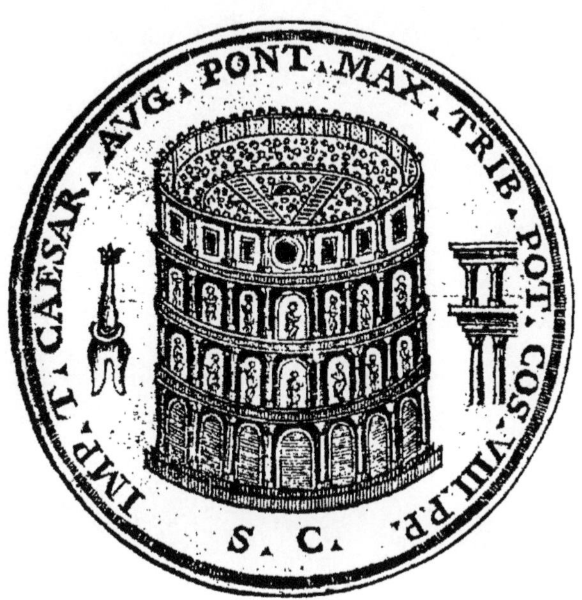

MÉDAILLE FRAPPÉE PAR L'EMPEREUR TITUS
À L'INAUGURATION DU COLISÉE

MÉDAILLE FRAPPÉE PAR L'EMPEREUR DOMITIEN
LORSQUE LE COLISÉE A ÉTÉ TERMINÉ

PRÉFACE

Ce livre n'a pas la prétention d'être une monographie complète sur le Colisée, mais tout simplement un recueil des notices, qu'un visiteur intelligent peut croire nécessaire de connaître.

Je pense qu'il n'y a pas de fautes; ce qui manque est l'érudition qui à dessein a été laissée de côté.

J'ai cru indispensable de dire cela à fin qu'on ne blamât pas ce livre, parce qu'il ne contient pas ce qu'il n'a pas voulu contenir.

JOSEPH VIOLA.

PREMIÈRE PARTIE

NOTICES GÉNÉRALES SUR LE COLISÉE

Deux ans après la destruction de Jérusalem (70 d. C. - 824 de Rome), l'empereur Titus Flavius Vespasien, élevé à l'empire par les légions d'Orient (Egypte, Syrie, Judée) contre Vitellius, l'Empereur glouton, fit jeter près de la *Domus* Néronienne les fondements du Colisée confiant la direction des travaux à l'architecte Gaudence qui, ayant été ensuite accusé de Christianisme, fut tué dans le même Colisée.

Une inscription qui se trouve dans l'église de Sainte-Martine au Forum Romain, et de laquelle nous conservons l'orthographe, dit:

SIC PREMIA SERVAS VESPASIANE DIRE

PREMIATUS ES MORTE GAUDENTI LETARE

CIVITAS UBI GLORIE TUE AUTORI

PROMISIT ISTE DAT KRISTUS OMNIA TIBI

QUI ALIUM PARAVIT THEATRU IN CELO

Nous la traduisons de la manière suivante:

« C'est donc ainsi que tu récompenses Vespasien cruel

« Tu as été récompensé avec la mort ô Gaudence

« Réjouis-toi, ville, ou celui-là (c'est-à-dire l'Empereur) fit des promesses à l'auteur de ta gloire

« Mais toi, Gaudence, tu auras tout de Christ, qui dans le Ciel t'a préparé un bien différent théâtre ».

On dit qu'aux travaux prirent part environ 30,000 juifs transportés de la Judée après la destruction de Jérusalem et qu'ils formaient un double rang de Rome jusqu'aux *carrières* de Tivoli qui en sont éloignées de 27 km.

L'édifice fut construit dans le court espace de 8 ans et l'on employa pour matériaux le travertin de Tivoli; la pierre romaine de tuf; des briques et du marbre, donc quatre qualités différentes de matériaux. Le Colisée a 80 arcades ou entrées avec 160 vomitoires intérieurs par lesquels on accédait aux *gradins*.

Le premier et le deuxième ordre des arcades (à partir d'en bas) étaient ornés avec des statues de consuls romains.

Les ordres architectoniques d'en bas en

haut se succédaient de la manière suivante: dorique ou toscan, ionique, corinthien ou grec, composite ou romain. En haut, tout autour il y avait 42 fenêtres qui éclairaient l'intérieur de l'édifice et l'on aperçoit encore les consoles auxquelles on appuyait les antennes ou pals qui soutenaient les cordes du *velarium*. Le *velarium* était une grande toile composée d'étoffe de plusieurs qualités et de différentes couleurs que l'on tirait sur l'amphithéâtre afin de mettre le public à l'abri des intempéries et des rayons du soleil.

Les différentes couleurs du *velarium* donnaient l'image de l'arc-en-ciel.

En entrant dans le Colisée du côté occidental, c'est-à-dire du côté de la *Meta sudante* et de l'arc de Constantin, on trouve les 4 premières arcades qui vont tout autour. A droite près d'une *lanterne* on voit une inscription qui rappelle une réparation de l'amphithéâtre, du *podium* (la loge impériale) et des sièges pour les spectateurs exécutés par les soins de *Rufo Cecina Felice Lampadio*, homme illustre et préfet de la ville à l'époque de Valentinien. Un peu plus loin une autre inscription rappelle une autre réparation exécutée par les soins d'un autre préfet de la ville, *Decius Marius Venantius Basilius*. Cette seconde réparation se rendit nécessaire à cause d'un tremblement de terre qui endommagea beaucoup l'édifice.

A la deuxième arcade on trouve une peinture qui représente la ville de Jérusalem. On y voit le mont Calvaire et la scène de la crucifixion de Jésus. Au-dessous il y a le campement romain. Cette peinture, qui est une des premières *mémoires* chrétiennes du Colisée, peut être considérée comme une des premières raisons pour lesquelles on prit soin de la conservation de l'édifice.

Après le pontificat de Pie V (xve siècle) le Colisée fut regardé avec une grande vénération comme monument *saint* surtout à cause du grand nombre de martyrs chrétiens qu'y trouvèrent la mort. En avançant on voit à gauche un des trois degrés trouvés à l'époque de Napoléon. (On voit les deux autres dans la porte Esquiline). Il y a l'inscription:

... IB . IN THEATR . LEGE . P.L.

... CET . P. X . I . I.

Près de là on voit deux chapiteaux: un avec quatre petites têtes représente Méduse la déesse de la terreur; il était dans la loge impériale. L'autre chapiteau de style composite était comme architrave dans la maison de Néron. L'architrave fut précisément coupé en pièces pour faire les chapiteaux du Colisée.

Quatre pas plus là commence le tour de l'amphithéâtre qui a 88 m. de longueur et 55 m. de largeur. La plus grande longueur extérieure est de 188 m., comme l'église de Saint-Pierre; la largeur est de 155 m., comme l'église de Saint-Paul hors des murs. La hauteur est de 50 m.

En s'approchant de la *balustrade* en bois on aperçoit à 3 mètres plus en bas quelques consoles qui soutenaient les poutres pour le planchéiage provisoire auquel on faisait recours pour les combats des gladiateurs. Trois mètres au-dessous il y avait l'arène pour les *faux* combats navals ou *naumachie*.

On voit aussi l'espace pour les cages des bêtes féroces destinées à combattre entre elles ou avec les gladiateurs. Cependant tous les décombres que nous apercevons au centre presqu'en forme de labyrinthe n'a rien à faire avec le Colisée. On les fit après mille ans, lorsque la famille Frangipane s'empara du monument et en *construisit* un château. C'est ainsi que le Colisée fut transformé en forteresse des Frangipane contre les familles des Orsini et des Colonna.

A la hauteur du pavé actuel intérieur du

Colisée, il y a des niches carrées où restait la garde prétorienne et un *bestiarius* afin de protéger la première noblesse qui s'asseyait dans les places plus proches de l'arène. A trois mètres plus en haut on a les restes du *podium* impérial. Les cinq classes sociales étaient distribuées de la manière suivante.

Dans le *podium* prenaient place l'Empereur et la Cour, les Vestales, et vis-à-vis les *Sacerdotes*, les Consuls et les membres du Sénat.

Dans les places du deuxième ordre étaient les fonctionnaires de l'Etat, dans celles du troisième ordre les chevaliers, dans celles du quatrième ordre la bourgeoisie, et enfin dans celles du cinquième ordre la plèbe. Les plébéiens restaient derrière les 80 colonnes qui soutenaient la dernière galerie. C'est de là que les matelots du Cap Misène devaient manœuvrer le *velarium*. A présent il n'existe plus aucune des colonnes susdites.

Le tremblement de terre qui affligea Rome à l'époque de Cola de Rienzo en l'an 1349 les démolit presque toutes et causa même la ruine de beaucoup d'autres choses. C'est ainsi que nous voyons à présent en pièces des colonnes qui avaient la longueur de six mètres. D'autres qui étaient en meilleure condition furent utilisées pour édifier des églises et d'autres monuments.

Par les 80 portes, pouvaient entrer et sortir en dix minutes 70 et même 80 mille spectateurs.

En résumant: le Colisée est un ancien amphithéâtre romain de l'époque impériale et précisément du premier siècle de l'empire qui coïncide avec le premier siècle de l'ère chrétienne ou vulgaire.

Cet insigne monument porte aussi le nom d'amphithéâtre Flavien (nom qui est cependant moins populaire). Cette seconde dénomination a son origine du fait que la construction du Colisée est due à un empereur de la famille Flavia et précisément, comme nous avons dit, à Vespasien. Les empereurs Flavii sont trois: Vespasien, puis successivement Titus et Domitien ses fils. Vespasien mourut en l'an 79, avant l'inauguration du Colisée: l'inauguration eut lieu sous Titus.

Qu'est-ce que c'étaient les amphithéâtres ? Qu'avaient-ils de commun et quoi de différent avec les théâtres proprement dits? Les amphithéâtres étaient comme les théâtres, des lieux destinés aux spectacles publics, mais ils différaient des théâtres pour deux motifs principaux: 1° la forme; 2° le caractère spécial des spectacles auxquels ils étaient destinés.

Le théâtre était semi-circulaire ou à fer à cheval et il avait *au devant* la scène sur laquelle les acteurs jouaient; comme les théâtres modernes l'amphithéâtre au contraire était un édifice de forme sensiblement elliptique ou ovale avec plusieurs rangs concentriques de degrés ou gradins pour les spectateurs, et un large espace central (l'arène), qui répétait plus en petit la forme générale de l'édifice et dans lequel le spectacle avait lieu. L'arène de l'amphithéâtre correspond donc à la scène du théâtre. D'après les notices qu'on nous a transmises, le Colisée aurait pu contenir de 70 à 80 mille spectateurs, cependant on doit retenir ce chiffre exagéré et il faut le réduire à peu près à la moitié, c'est-à-dire à 45 ou 50 mille. Les 80 arcades ou entrées, dont nous avons parlé, étaient numérotées par des nombres progressifs romains, qu'on voit encore, de 54 à 43.

Et cela peut suffire pour ce qui se rapporte aux « notices générales » sur le Colisée. Nous désirons finir en relevant la grande importance historique que cet insigne monument a au point de vue particulier pour l'immense nombre des premiers chrétiens qu'y cueillirent la palme du martyre. Dans la peinture dont nous avons déjà parlé et qui représente la prise de Jérusalem par les Romains aux ordres de Titus, nous avons exprimé la conception historique de l'aigle romaine qui venge sur le peuple juif le crime qu'il commit par l'assassinat du Fils de Dieu. Cette même conception fut exprimée par Dante dans sa *Divina Commedia*. Mais le peuple romain qui fut ainsi le bras de la justice divine contre le peuple d'Israël, contre le peuple de Dieu, n'avait pas voulu reconnaître le Messie porteur de l'Evangile, de la « bonne nouvelle » et devint ensuite responsable de tous les sacrifices humains consumés dans l'arène du Colisée devant ses yeux avides de massacres et de sang.

Devant ses regards heureux d'une manière féroce et sous ses applaudissements inhumains, des centaines de martyrs témoignèrent leur foi dans le Christ déchiré par la fureur homicide mais du moins insciente des bêtes féroces, ou égorgés par le *gladius* des gladiateurs. Le peuple romain ne fut certainement pas civil sous l'aspect moral; sous cet aspect il usurpa le nom de civil puisqu'il n'y a rien de plus incivil et de plus inhumain que d'assister, non seulement de sang-froid mais en jouissant au spectacle de centaines de vieillards, de femmes, d'enfants innocents et d'hommes dans la pleine vigueur de la virilité, tués par les ongles ou les dents des tigres, des lions et des panthères.

Et cela pour s'amuser! Et ce peuple avec mépris appelait barbares les peuples germaniques chez lesquels à côté de la grossièreté naturelle aux nations jeunes, les sentiments moraux et sociaux furent souvent mille fois plus délicats et plus élevés que ceux que nourissaient les cœurs des hommes qui prononçaient hautainement et orgueilleusement la phrase classique *Civis romanus sum!* Cependant une loi inéluctable de justice règne dans l'histoire des peuples: les barbares détruisirent le colosse romain!

DEUXIÈME PARTIE
LES COMBATS DES GLADIATEURS

Les spectacles qu'on donnait dès l'antiquité la plus éloignée dans les édifices publics de Rome n'avaient pas à leur origine l'objet d'un divertissement offert à la plèbe turbulente mais ils avaient une signification et un caractère religieux. Nous ne nous occuperons pas pour le moment de tous les spectacles solennels de la Rome ancienne, mais nous parlerons seulement de ceux qu'on célébrait dans l'amphithéâtre Flavien. Ici on donnait surtout des combats entre des gladiateurs ou entre des gladiateurs et des bêtes féroces, des vraies et propres chasses aux bêtes féroces auxquelles prenaient part de certaine manière même les spectateurs. Souvent le théâtre était transformé en une espèce de lac pour des batailles navales simulées (*naumachie*, du grec *naus* qui signifie navire et *mache* qui signifie bataille. Au moyen-âge le Colisée fut aussi destiné aux combats des taureaux sur le genre des *corride* espagnoles et l'élite de la noblesse de Rome prenait part à ces combats. Ce merveilleux édifice fut inauguré le

21 avril (le traditionnel *natalis Romae*) en l'an 80, comme il est dit, sous l'empereur Titus, qu'on appelait *amor et deliciae generis humani*.

Titus, que les auteurs de l'époque représentaient avec une gaufre de miel à la main pour exprimer la douceur de son âme, en fit personnellement l'inauguration avec un sacrifice solennel d'hommes et d'animaux, sacrifice ou mieux massacre qui dura 100 jours. Les fondements de la grande môle furent ainsi cimentés par un grand *fleuve de sang*.

Origine des combats des gladiateurs.

Avant que nous donnions une description détaillée des différentes espèces de jeux qu'on donna dans l'amphithéâtre dans cette mémorable occasion et que l'on continua à y donner après, nous dirons quelque chose de ceux qui donnaient spectacle d'eux-mêmes en ce théâtre. Afin de découvrir et de connaître la vérité à propos des coutumes des peuples de l'antiquité il faut abstraire absolument de nous et de nos coutumes. Nos sentiments, nos idées, naturellement différentes, et parfois radicalement différentes à cause de l'évolution historique spirituelle de l'homme ne, devraient

L'EMPEREUR TITUS

avoir aucune influence sur l'évaluation historique des idées, des sentiments, des coutumes et des institutions des antiques. En étudiant un peuple, il faut que nous nous rapportions à son époque, au milieu tellurique et historique dans lequel il développa son activité et que nous l'étudions ainsi par des jugements internes et non par des jugements externes. En agissant au contraire on pourra comprendre l'évolution historique mais on ne comprendra pas avec précision et avec intégrité les divers instants historiques de la vie des peuples et des nations. Ce qui hier était sacré et considéré nécessaire, aujourd'hui paraît ridicule et étrange, ce qu'on admit hier comme tout-à-fait moral, aujourd'hui est considéré absolument immoral et vice-versa. Il faut donc juger sans prévention ou sans passion le caractère de chaque peuple à son époque; c'est ainsi que dans notre ouvrage nous ferons à propos du peuple romain.

Après avoir bien établi le jugement fondamental de l'opinion que nous avons l'intention de suivre dans notre étude, nous nous sentirons plus indépendants et plus sûrs dans la recherche de la vérité.

Si nous considérions les institutions civiles et politiques des peuples anciens, et leurs lois sans tenir compte de leurs opinions religieuses, nous les trouverions obscures, illogiques et inexplicables, mais si au contraire nous tenons le compte nécessaire de ces opinions, alors tout devient clair et nous comprenons les institutions et les lois en elles-mêmes et dans leurs origines. Le sentiment religieux a été bien souvent l'acheminement, la raison fondamentale des institutions, c'est pourquoi il faut que nous nous arrêtions à l'étudier avant toute autre chose.

Quelle que soit la période de l'antiquité dans laquelle nous étudions la race italique, nous trouverons toujours qu'une de ses plus fortes croyances religieuses fut celle d'une vie après la mort du corps, d'une continuation de vie bien que différente soit dans la forme soit dans les conditions au delà de la mort terrestre.

Les aïeux du grand peuple étrusque, l'histoire et la langue duquel sont encore des sphinx inexplicables pour la science (peu de détails exceptés) crurent à une vie ultérieure à la vie terrestre. Les italiques primitifs regardaient la mort non comme une dissolution complète de la personnalité individuelle, mais comme sa transformation en d'autres formes de vie (métempsicosis). On retenait que l'âme suivait le corps; née avec le corps, l'âme (pensée et sentiment) restaient avec lui-même après la mort. De là la raison des rites funèbres. Tous les rites funèbres finissaient en appellant trois fois l'âme de la personne morte avec le nom qu'elle portait dans la vie. On la saluait et on lui souhaitait bonheur dans le tombeau. On invoquait aussi que la terre fût légère, qu'elle posât légèrement sur la personne aimée: *Sit tibi terra levis*. « Que la terre te soit légère ». On croyait que le mort conservait sous la terre les sens du plaisir et de la douleur. On écrivait sur la pierre sépulcrale le nom du mort de la même manière qu'on l'écrit encore. L'idée que la personne vivait dans le tombeau était tant enracinée qu'on plaçait dans le tombeau tous les objets qu'auraient pu servir au mort ou qui lui avaient été plus chers dans la vie: des habits, des vases, des armes, etc. Sur le tombeau on versait du vin, on plaçait des nourritures, on sacrifiait des chevaux et des esclaves croyant qu'en les ensevelissant près de la personne que l'on voulait honorer, ils auraient continué à la servir même morte. Aux rites funèbres remontent originairement les *ludi* (jeux) gladiatoires.

Les descendant déifiaient la personne morte

et à chaque anniversaire de la mort ils renouvelaient les offres qu'on lui avait dédié au moment de l'enterrement.

Par conséquent le meurtre d'esclaves sur le tombeau prenait l'aspect de sacrifice humain en l'honneur d'une déité vivante qui reposait en paix dans son tombeau qui à son tour prenait l'apparence de temple. C'est pour cette raison que les tombeaux et les temples étaient considérés comme la même chose et avaient droit à la même vénération puisque les uns et les autres étaient *demeure de divinités*.

La religion des morts contient les plus anciennes croyances religieuses de la race italique. Même avant de considérer tel qu'un dieu et par conséquent adorer le feu (la religion du feu est représentée en Rome par le culte de *Vesta*, de l'ancien grec *vestia*, feu); avant d'avoir déifié les différentes forces de la nature, les vices, les vertus, les sentiments, les premiers italiques adorèrent les morts, les craignirent et leur adressèrent leurs prières. Le culte des aïeux peut être considéré comme une des sources ou origines de la religion. A la vue du cadavre les antiques, ne concevant pas la possibilité d'une complète dissolution de la personnalité, allèrent par les yeux de l'esprit, du sentiment et de la fantaisie au delà de ce qu'ils voyaient par les yeux du corps, et conçurent la vie ultérieure surnaturelle. A la présence de la mort l'homme s'éleva du sensible à l'idéal, du temps à l'éternité, de l'humain au divin.

Nous croyons avoir ainsi rendu bien claire l'idée des motifs qui conduisaient aux sacrifices humains dans les cérémonies funèbres. Avec le temps, les prisonniers de guerre furent préférés comme victimes pour ces sacrifices. Ainsi nous lisons dans l'*Iliade* d'Homère qu'Achille ordonne que douze prisonniers troyens de noble famille soient égorgés et jetés sur le bûcher de Patroclus. Ainsi encore à la mort de *Pallans* fils d'Evandre, Enée envoie sur le Palatin un certain nombre d'esclaves afin qu'on les sacrifie dans les funérailles. Plus tard, de plus doux sentiments prévalurent et l'habitude de ces massacres humains fut abandonnée dans les funérailles. On commença par ne faire plus égorger les victimes sur les tombeaux mais par les faire combattre entre elles, leur laissant ainsi une voie de salut dans le meurtre de l'adversaire. Cela parut moins cruel. Puisque l'arme qu'on employait à Rome pour ces duels était une courte épée dite *gladius*, il en dériva aux combattants le nom de *gladiatores* (gladiateurs, c'est-à-dire armés de *gladius*). Après que l'on introduisit ce système, un grand nombre de spectateurs commença à s'assembler autour des bûchers funéraires pour assister aux combats des gladiateurs, qui peu à peu gagnèrent une très-grande faveur chez le peuple romain déjà porté par sa nature et par ses habitudes à des *sentiments martiaux*.

La faveur que rencontrèrent les combats se renversa bientôt sur les mêmes gladiateurs qui devinrent l'objet de beaucoup de soins de la part de leurs maîtres qui tâchaient d'en faire développer les forces musculaires.

Les faveurs qu'on prodiguait au gladiateurs étaient si grandes qu'à l'époque impériale celui qui sortait d'un somptueux festin (dit *lucullien* en souvenir des riches mets de Lucullus) avait l'habitude de dire qu'il avait eu des mets dignes d'un gladiateur. On procurait aux gladiateurs les meilleurs maîtres et tous les moyens nécessaires afin qu'ils pussent apprendre leur art le mieux possible, mais on comprend que toutes ces attentions n'étaient pas prodiguées après tout en faveur du gladiateur mais en faveur du peuple que le gladiateur même devait amuser. Ainsi peu à peu ce genre barbare de spectacle d'une simple coutume d'origine funèbre religieuse, devint une institution publique avec le but d'amuser, un spectacle public dans les mains des citoyens ambitieux à la décadence de la république et surtout plus tard dans les mains des empereurs avec des buts politiques, devint un instrument de démoralisation et de tyrannie. Le premier spectacle public de gladiateurs fut donné dans le *Forum Boarium* en l'an 260 a. C. et le goût pour ce genre de spectacles augmenta tout de suite. On introduisit une variété toujours plus grande dans les manières de lutte et dans les armes; les gladiateurs combattaient à pied, à cheval, sur les bigues, bandés, etc., ils eurent des épées en fer, en bois, des dagues, des lances, des javelots, etc. Quelques-uns n'avaient pour leur défense qu'un petit bouclier rond; d'autres au contraire avaient une armure complète. Enfin les divers groupes de gladiateurs furent distingués en classes avec des noms et des armes différentes.

Différentes classes de gladiateurs.

Les *Secutores* étaient armés d'une épée, d'un bouclier et d'une lourde massue; ils devaient remplacer ceux qui tombaient à un premier attaque.

Les *Thraces* étaient armés comme les guerriers de la Thrace, avec un bouclier rond et avec une courte épée. En général ils étaient destinés à lutter avec des *mirmillons*.

Les *Mirmillons* prenaient ce nom du poisson mirmille qu'ils portaient sur le cimier et ils étaient armés comme les *Gaulois*; pour cela ils prenaient même ce nom. Ils avaient aussi un large bouclier, une serpette (ou faucille) et une *torques*. Ils étaient mis en lutte avec les *Thraces* et aussi avec les *Retiaires*.

Les *Retiaires* portaient un filet (de là le nom) avec lequel ils tâchaient d'envelopper l'adversaire et ensuite de le blesser avec une fourche à trois dents. Ils avaient la tunique courte et la tête découverte ou nue. Le Rétiaire, qui en jetant le filet manquait d'envelopper l'adversaire, prenait la fuite pour se préparer à une seconde tentative tandis que l'adversaire cherchait de le frapper.

Le Rétiaire après avoir saisi l'instant favorable, pour envelopper le Mirmillon avait l'habitude de s'écrier: *non te peto Galle sed piscem peto* (je ne cherche pas d'attrapper ou t'envelopper toi, Gaulois, mais ton poisson).

Les *Samnites*, appelés ainsi parcequ'ils étaient armés comme les Samnites, se distinguaient surtout par un grand bouclier oblong.

Les *Hoplomaques* combattaient avec armure complète. Leur nom signifie « combattants armés » et vient du grec.

Les *Provocatores*, adversaires des précédants, étaient eux-mêmes complètement armés.

Les *Dimachairi* combattaient avec deux dagues, une à chaque main.

Les *Caqueari* employaient un lacet pour étrangler l'ennemi.

Les *Essedari* combattaient toujours sur les bigues, coutume introduite de la *Britannie*.

Les *Andabatae* combattaient bandés et à cheval. Les coups manqués de ces gladiateurs faisaient éclater de rire les spectateurs.

Les *Meridiens* combattaient à la moitié de la journée durant l'intervalle entre le spectacle du matin (antiméridien), en général, de bêtes féroces, et les combats poméridiens des gladiateurs: ils combattaient avec de longues épées.

Les *Incitatores* avaient la charge d'inciter les autres à la lutte et de les encourager par des gestes et par des cris.

Le *Bestiaires* combattaient avec des bêtes féroces et donnaient des spectacles de celles-ci apprivoisées.

Les *Pegmatari* prenaient leur nom de la *pegma*, une sorte de tour qu'on élevait au milieu de l'amphithéâtre. A la sommité de la tour on plaçait quelques casques, quelques boucliers et quelques armes destinées en recompense aux vainqueurs. On formait deux rangs: l'un défendait, l'autre attaquait la tour. L'escalade à la tour représentait un vif assaut à une forteresse.

Les *Fiscales* étaient les gladiateurs au solde de l'Etat (fisc). Ils prirent ensuite le nom de *Cesariani* parce qu'ils combattaient lorsque l'Empereur présidait au spectacle. Puisqu'ils étaient des hommes choisis, plus courageux et plus habiles que tous les autres, et puisque le peuple demandait souvent aux Empereurs la faveur (en latin *postulare*) de les faire combattre dans l'arène; ils étaient aussi appelés *Postulatitii*, c'est-à-dire « demandés ».

Les *Catervari*, étaient réclutés parmi toutes les classes et on les faisait combattre ensemble; puisqu'ils étaient souvent plusieurs centaines, leurs luttes devenaient des vraies batailles. Cependant ils paraissaient à la fin du spectacle comme dernier numéro du programme et, en ce moment, l'enthousiasme populaire touchait le comble et le cirque donnait un spectacle inoubliable.

Les *Bustuarii*, conservant l'ancienne tradition, combattaient à l'occasion de funérailles.

Les *Cubiculaires* luttaient pendant les festins, de sorte que les convives pouvaient jouir en même temps les plaisirs de la table et les plaisirs de l'arène. Triste époque où un met était considéré plus savoureux et le vin de Falerne plus exquis si l'on pouvait y ajouter quelques jets de sang *humain!*

Chaque famille ou groupe de gladiateurs avait pour chef un *entrepreneur* (lanista) qui s'occupait de leur entretien et de leur action. On remettait à ces *entrepreneurs* les prisonniers de guerre ou les condamnés pour des crimes communs et les esclaves coupables. Les *lanistae* en faisaient des gladiateurs. A ce but les *lanistae* achetaient les esclaves plus forts et plus beaux. Ceux-ci combattaient vaillamment et pouvaient acquérir leur liberté.

Lorsqu'après une instruction soignée on jugeait que les gladiateurs étaient suffisamment préparés, ils se présentaient dans l'arène. Bien que la condition des gladiateurs était toujours considérée basse et dégradante, sous l'empire des gladiateurs volontaires ont combattu dans l'arène.

Des jeunes hommes dépravés qui avaient

consumé leurs richesses dans la débauche étaient enrôlés par les *lanistae* pour les combats dans le Colisée. Pour ceux-ci la mort dans l'arène n'était qu'une espèce de suicide, mais dans le cas où ils pouvaient en sortir sains et saufs, ils acquéraient une nouvelle source de grands profits et, puisque l'arène donnait souvent l'occasion de gagner la faveur des riches, des grands et des empereurs, ces gladiateurs volontaires espéraient de pouvoir par le risque de leur vie réconquérir leur ancienne richesse ou en trouver de nouvelles. Ces gladiateurs volontaires étaient assujettis à un serment spécial de combattre jusqu'à la mort. Pétronius nous a conservé la formule d'un de ces serments: « Nous jurons d'obéir au maître Eumolpus soit qu'il ordonne qu'on nous grille à mort, qu'on nous enchaîne, que l'on nous fouette ou poignarde à mort et, comme de vrais gladiateurs, nous sommes décidés de dédier nos âmes et nos corps au service de notre maître ».

Les spectacles.

Les citoyens romains qui avaient l'intention d'offrir à leur compte un spectacle gladiatoire au peuple, s'adressaient à un *lanista* qui selon un prix convenu leur pourvoyait un nombre déterminé de couples de gladiateurs. Lorsqu'on donnait des combats en des fêtes ou solennités de l'Etat, un magistrat présidait au spectacle. Aux spectacles donnés par des privés pour célébrer la mort de quelque personne de famille, tous les spectateurs vêtaient en noir.

Les Empereurs donnaient souvent de ces spectacles soit pour leur amusement soit, et le plus souvent, pour entrer en grâce du peuple qui demandait constamment *panem et circenses* (du pain et les jeux du cirque). Plusieurs jours avant le spectacle, l'*editor muneris*, le *donneur du cadeau*, celui qui avait l'intention d'offrir le spectacle, notifiait par de grands avis publics, le nombre, le nom, la classe des gladiateurs qui auraient pris part aux combats, leurs marques de distinction et toutes les modalités de la fête.

Les avis, souvent illustrés, étaient exposés dans le Forum et dans les autres lieux plus fréquentés de la ville. Le jour établi, les gladiateurs se rendaient à l'amphithéâtre en colonne parcourant les rues principales de la ville entre deux rangs épais de peuple. Cette sorte de procession était appelée *traductio*. De grands tableaux représentant des combats étaient portés en procession afin de donner au peuple une idée du spectacle qu'on lui offrirait. Après venaient les chars avec les cages contenant les bêtes féroces et ensuite les hommes condamnés à être dévorés par elles. Ces malheureux étaient enchaînés ensemble sur une espèce de plate-forme (*pulpitum*); chacun d'eux portait un placard ou une affiche qui indiquait le crime à cause duquel il était condamné *ad bestias*, c'est-à-dire à être dévoré par les bêtes féroces.

La procession était précédée par les *Tibicinaires*, trompettes, et suivie par les prêtres et par les *Victimaires* qui conduisaient les victimes destinées à être sacrifiées à Jupiter. La procession terminait par les *Plutones* et les *Mercurii*, une sorte de serviteurs destinés à l'amphithéâtre la charge spéciale desquels était de transporter les cadavres au dehors de l'arène.

L'amphithéâtre avait deux portes exclusivement réservées aux gladiateurs: par la première (*Sanavivaria*), c'est-à-dire des sains et des vivants, entrait la procession avant le spectacle; par la deuxième (*Libitinia*), c'est-à-dire des morts, on portait les cadavres au dehors. Aussitôt que la procession était entrée, les gladiateurs défilaient devant la loge

AVE CAESAR! MORITURI TE SALUTANT

Statue exécutée dans la fonderie de Nelli, Rome.

impériale en prononçant la formule bien connue: *Ave, Caesar, morituri te salutant!* (Salut, César, ceux qui vont mourir te souhaitent bonheur!). En attendant sur un autel au centre de l'arène on faisait le sacrifice. Ensuite on débarassait l'arène et on commençait le spectacle des jeux et un combat préliminaire exécuté avec des épées en bois. Cet exercice inoffensif fatiguait bientôt le public qui à haute voix incitait l'*Editor* à commander la *dimicatio ad certum*, c'est-à-dire le combat avec des armes réelles. A un signe de l'*Editor* les *Tibicinarii* donnaient un résonnement et la lutte commençait. Lorsqu'un gladiateur avait été blessé tous les spectateurs, en remarquant le sang criaient: *hoc habet* (il l'a reçue). Si le gladiateur reconnaissait sa défaite, il baissait tout de suite ses armes, mais sa vie dépendait alors de la foule; s'il s'était conduit en lâche, il était toujours condamné à la mort.

Les spectateurs, qui étaient les vrais juges de l'arène, donnaient leur verdict avançant le poing fermé avec le pouce étendu et tourné en bas ou bien en haut, selon qu'ils voulaient la mort ou la vie du gladiateur, du côté de la loge des Vestales qui, après avoir calculé à coup d'œil la majorité, donnaient un signe correspondant.

L'*Editor*, qui dans le Colisée était en général l'empereur, répétait le signe fait par les
Vestales et le sort du vaincu était décidé. C'est
pour cette raison que le gladiateur aussitôt qu'il
était tombé regardait avec anxiété la loge
impériale, et s'il voyait que la sentence était
« pollice verso » (pouce en bas) il prenait une
position victorieuse offrant le cou à l'ennemi
qui le tuait rapidement et prononçait les mots
consummatum est (il est fini) en pressant le
pied sur le corps du mort. Combattre vaillamment et mourir en artiste était l'enseignement
principale du *lanista*.

Le poète Pietro Cossa dans son drame
romain « Messalina » fait décrire par le gladiateur Bito un combat de gladiateurs avec
les magnifiques vers que nous reproduisons:

```
. . . . . . . . . . . ovunque
moltitudine immensa, irrequieta
che s'aggrappava fino alle colonne
ed alle statue. Quella del divino Augusto
ricopriron d'un velo acciò non la prendesse raccapriccio
del gran macello: sventurato marmo,
hai tenere le fibre! Dato il segno,
due schiere avverse di combattitori
si corron sopra dagli opposti punti
del circo. Quella folla che aspettava
rumoreggiando, si raccoglie muta,
non ha più che una sola anima, un'ansia
e non ascolta che il cozzar dei ferri
```

e a quando a quando un breve applauso a una dotta ferita
o fischi o contumelie su un meschino
ancor nuovo nel modo di cadere
e morire. In tanto, osceni,
segnan l'arena di sanguigni sprazzi
gli uncinati cadaveri. Felice,
contro ogni altro gladiatore, uno restava
a combattermi invitto. Aspro il duello,
ostinato, ma un colpo alfin stramazza
nella polve il terribile avversario.
Ei s'atteggiò cadendo come eroe scolpito,
pensieroso più dell'arte che del dolore.
Ad implorar la grazia del caduto,
guardai fiso nel loco ov'era Cesare... (1) dormiva.
Ma tu (2) bella e crudele, dagli sguardi
scintillando libidine feroce
il pollice volgesti a terra ed il tuo esempio
hanno imitato le Vestali, i senatori, il popolo.
Dal petto profondo allor ruggii come leone
e sentii penetrar nella mia carne
quel ferro dispietato che estingueva
un avanzo di vita! Il mio nemico
restò muto e spirò; la gente surse
e con allegre grida e con batter di mani
acclamò lui, morto!

Les gladiateurs vainqueurs recevaient des
récompenses qui consistaient en des palmes
et même en bourses d'argent. Chaque gladiateur qui avait servi dans l'arène pour un
triennat acquérait le droit à la liberté, mais
celle-ci pouvait être accordée aussi avant la

(1) Claudio.
(2) Messalina.

3

fin des trois ans d'après une demande spéciale du peuple.

Naturellement cela n'arrivait qu'en conséquence de mérites extraordinaires. Le gladiateur affranchi pouvait tester mais il n'était pas citoyen de Rome. La concession de la liberté était accordée par le *Praetor* (préteur) qui présentait au gladiateur une longue clave (*rudis*) pareille à celles avec lesquelles les gladiateurs faisaient leurs exercices. Pour cela les gladiateurs affranchis étaient appelés *Rudiaires*. Parfois, au moment de la libération, le gladiateur était couronné d'une couronne de fleurs nouée par un ruban de laine appelé *lemnisco*; ces gladiateurs étaient appelés *lemniscati*. Les Rudiaires rendaient grâce à Hercule, dans son temple y déposant la *rudis* comme un *ex voto* d'une promesse faite avant la libération.

Toute classe de personnes accourait aux spectacles des gladiateurs, et Cicéron dit que souvent le Sénat et les comices étaient déserts parce que ceux qui auraient dû prendre part aux réunions étaient allés aux spectacles des gladiateurs. Par conséquent les chevaliers, les sénateurs et tous les magistrats (même les prêtres, qui à Rome étaient considérés comme des officiers de l'Etat, avaient des places réservées. La place plus honorifique était réservée aux Vestales. Prudentius nous laissa une description poétique de la manière dont elles assistaient aux jeux de l'amphithéâtre. Bien qu'une légère rougeur montât à leur visage, dit-il, elles se réjouissaient du spectacle et y prenaient part attentivement. Prudentius est bien mordant lorsqu'il remarque que ces vierges sacrées s'évanouissaient à chaque coup mortel, et se lançaient des œillades chaque fois que l'arme meurtrière s'enfonçait dans le cœur d'un combattant.

Le premier combat gladiatoire que nous avons déjà indiqué fut offert par Marcus et Décius Brutus à la mort de leur père mais seulement trois couples de gladiateurs y prirent part. Les fils d'Emile Lepidus, en l'an 213 a. C., présentèrent 20 gladiateurs. Quinze ans après Valérius Cervinus, lui-même, en l'honneur de son père défunt, offrit au peuple un combat de 50 gladiateurs. Titus Flaminius en amena à l'arène 74. Enfin César donna un spectacle avec 600 gladiateurs afin d'entrer dans les grâces du peuple dont il voulait se servir pour atteindre le pouvoir. L'exemple de César fut suivi par Auguste, et sous son empire des milliers de gladiateurs et de bêtes féroces furent immolés dans l'arène. Avec lui les spectacles gladiatoires devinrent une véritable institution impériale qui fleurit toujours de plus en plus sous ses successeurs.

On comprend cela pour des empereurs comme Caligula, Néron, Commodus et Caracalla, mais on ne comprend pas comme Titus pût inaugurer le Colisée destiné exclusivement à de tels massacres. Et faut-il remarquer qu'il fit continuer plus que trois mois les fêtes de l'inauguration tandis que les jeux gladiatoires continuaient à peine deux jours, ou tout au plus quelques semaines. Adrien, dans le mois où il eut la charge d'édile, envoya dans l'arène 3000 couples de gladiateurs et il faut observer qu'il fut considéré un des empereurs les plus doux et qu'il fut surnommé « très-bon ».

Et Trajan, à qui d'après la légende fut accordé une place en Paradis par l'intercession de Saint Grégoire-le-Grand, envoya au massacre pendant 125 jours consécutifs environ dix mille couples de gladiateurs.

L'influence d'un grand nombre de gladiateurs sur les Césars et par conséquent sur la politique nous amènerait à parler de plusieurs d'entre eux; nous nous bornerons à en mentionner deux, Spartacus et Commodus (empereur et fils de l'empereur philosophe Marc-Aurèle).

UN GLADIATEUR VICTORIEUX

(Modelé par le Prof. G. Marcelliani).

Spartacus et la guerre servile.

Le fier Spartacus fut l'âme de la guerre servile qui éclata dans l'école de Capoue en l'an 73 a. C. Spartacus convainquit les camarades que c'était mieux de mourir en guerre *contre* les maîtres et pour la liberté que *pour* les maîtres dans l'arène pour leur plaisir. L'école de Capoue était nombreuse et appartenait à Lentulus Batiatus. Spartacus était de noble race, fier, fort, courageux et prudent. Soldat des milices auxiliaires de la Thrace dédaignant de combattre pour les envahisseurs de sa patrie, il déserta et se livra à la vie du bandit; il fut arrêté et ensuite vendu comme un esclave à Lentulus qui l'envoya à son école de gladiateurs. Il s'échappa de Capoue avec 70 camarades et proclama la liberté de tous les esclaves. La petite troupe augmenta et se campa sur le Vésuve. Des bergers de la montagne, des mendiants des villes voisines, des citoyens dépossédés par les proscriptions syllènes rendit bientôt formidable la troupe des rebelles. Le préteur Clodius Pulchrus marcha contre eux avec 3000 hommes, décidé à les entourer et à les soumettre par la faim. Mais Spartacus mit en déroute Pulcrus, s'empara du camp romain, se refournit d'armes et de soldats étendant rapidement la guerre à toute l'Italie.

Pendant trois ans toutes les troupes que Rome envoya contre lui furent vaincues.

On aurait dit que tous les généraux romains étaient impuissants contre la tactique militaire de Spartacus et contre la valeur de ses fauteurs. Même deux armées consulaires aux ordres des consuls Lentulus Clodien et Lucius Cellius furent défaites. Spartacus ayant conquis cinq aigles, cinq faisceaux consulaires et 26 enseignes ou drapeaux se vengea de Rome obligeant à combattre devant son armée comme gladiateurs 300 prisonniers romains aux funérailles de Crassus, un de ses meilleurs capitaines qui avait été tué à la bataille contre le consul Cellius. Les 70 fugitifs de Capoue avaient atteint le nombre de 120 mille et avec cette armée Spartacus voulait marcher contre Rome, mais il ne lui fut pas possible de conserver la discipline dans une armée composée d'éléments trop hétérogènes et énivrés par la victoire.

Ce fut alors qu'il changea son dessein et descendit vers le midi dans le but d'apporter la révolte parmi les esclaves de la Sicile. La terreur de Rome lorsqu'elle apprit la défaite des consules avait été si non plus grande, du moins égale à celle qu'elle avait eue quand Annibal était à ses portes. Le Sénat réuni exprès confia la direction de la guerre à Marcus Crassus qui était considéré le meilleur général et mit à sa disposition six légions en plus de celles qui étaient déjà en campagne. Même ces forces parurent insuffisantes et Crassus demanda le rappel de Lucullus et de Pompée de la Macédoine et de l'Espagne avec tous leurs soldats afin de sauver la situation.

La trahison arriva au profit de Rome. Crassus avait réussi à barrer l'ennemi dans la petite péninsule de la Calabre. Spartacus ne se découragea pas même en ce moment-là. Il décida l'attaque, et, bien qu'il fût séparé du gros de son armée, il essaya par un hardi et dernier effort de passer au travers des rangs romains. Dans le but de démontrer à ses soldats l'extrême importance de cette démarche, il tua son cheval disant que comme vainqueur il en aurait eu bien plus, et comme vaincu il n'aurait eu pas même besoin de celui-là. Hurlant terriblement les rebelles se jetèrent sur les troupes romaines; deux centurions et 200 soldats romains furent tués; Spartacus blessé refusa de céder et continua à combattre à genoux jusqu'à ce qu'il fut tué.

Voilà la fin de cet homme très fort, doué d'une rare habileté stratégique, qui soulevant les esclaves avait mis an péril la grandeur et même l'existence de Rome.

Qu'il nous soit permis de rapporter, en les traduisant à la lettre, deux stances du *Childe Harold* de Byron:

« Je vois devant moi le gladiateur succombant qui soutient sur le bras son front viril. Il se livre à la mort mais il ne cède pas à l'agonie et sa tête inclinée se baisse peu à peu tandis que de sa poitrine les dernières gouttes de sang jaillissent lentes de la rouge blessure et tombent lourdes comme le premières gouttes d'un orage. Et à présent l'arène tourne autour de lui, il est fini avant que cessent les hurlements cruels qui saluent le malheureux vainqueur. Il les a entendus, mais il n'y a pas pensé; ses yeux suivant son cœur se poussent loin. Il ne fait pas cas de la vie qui va lui manquer, il ne l'apprécie pas, mais là où sa rustique chaumière s'élève le long du Danube il voit ses enfants qui s'amusent et sa mère Dacie. A présent, lui, leur chef, est ici transpercé dans une fête romaine. Mais cela même passe avec le sang. Devra-t-il donc expirer sans vengeance? Levez-vous, ô Goths, et savourez le fruits de votre colère ».

L'empereur Commode
et ses extravagances.

Commode succéda à son père à l'âge de 19 ans. Dès sa jeunesse il s'était révélé bas, malin et extrêmement ambitieux de devenir un gladiateur parfait. A Civitavecchia, étant e peine âgé de 12 ans, il commença à donner des preuves de ses terribles penchants; ayant trouvé l'eau du bain trop chaude il commanda qu'on jetât dans la fournaise le serviteur qui l'avait préparée. Le tuteur du prince au lieu de faire exécuter cet cruel ordre fit jeter dans la fournaise une peau de chèvre et la mauvaise odeur de brûlé trompa et contenta le jeune homme qui donnait si bien à espérer pour l'avenir.

Il passa les 15 ans de son règne dans toute sorte de débauches, tandis qu'il fit proscrire les meilleurs citoyens. La compagnie de l'Empereur était formée de fripons de toute espèce et surtout de gladiateurs avec lesquels il combattait souvent. Suivant l'exemple de Néron, Commode était toujours dans l'amphithéâtre qu'il avait, pourrait-on dire, transformé en son palais impérial. Dans une seule journée il battit 1000 Rétiaires. Cependant faut-il observer que la plupart d'eux en se jetant à ses pieds et en se déclarant vaincus sauvaient leur vie et gagnaient la faveur impériale. A cette occasion-là Commode ordonna que dans la statue de Néron, qui était au dehors de l'amphithéâtre, on substitua sa tête à celle de Néron et fit placer dans la base de la statue cette inscription: *Mille gladiatores victos*. Les 1000 palmes de victoire gagnées furent déposées dans le palais impérial. Il tua aussi un grand nombre de bêtes féroces et d'éléphants. Il entrait habituellement dans l'amphithéâtre la pourpre impériale sur ses épaules nues afin de pouvoir commencer tout de suite la lutte avec un gladiateur quelconque. En cela il était très sensible aux critiques des spectateurs. Une fois ayant imaginé que les spectateurs se moquaient de lui, il ordonna aux gardes de les massacrer.

Dans la longue note des titres de triomphe qu'il prit il y avait aussi celui de chef des *Secutores*. Sa sœur Lucille et le sénateur Quintien conjurèrent contre sa vie. Dans le passage qui conduisait à la loge impériale dans l'amphithéâtre, un soldat pompéen, Clodius, l'assaillit avec une dague disant: « Reçois le message que le Sénat t'envoie ». Mais les prétoriens arrêtèrent Clodius avant qu'il fut dans la possibilité de frapper, et on le tua avec tous les autres conjurés. Commode avait une vue si aigue et un pouls si ferme que lorsqu'il lançait les javelots et les dards ne manquait jamais le coup. Il se trouvait souvent au milieu de Partes et de Numides qui étaient très habiles dans le maniement de ces armes, cependant aucun d'eux ne parvenait jamais à supérer l'Empereur.

Lorsque Commode combattait, l'amphithéâtre était toujours plein de foule. Dans un seul jour il tua cent lions avec un égal nombre de dards; dans un seul spectacle, cinq hippopotames, deux éléphants et plusieurs rhinocéros. Il étonnait tout le monde par son inarrivable habileté de boucher. Les célèbres autruches du Maroc étaient poussés à la course autour de l'arène et tandis qu'ils couraient les dards courbés de l'Empereur coupaient leurs têtes, et les pauvres animaux ainsi décapités continuaient encore la course pendant quelque temps au grand amusement de l'Empereur et de la foule qui applaudissait avec enthousiasme. Et Commode continuait ces nobles exercices même dans le palais impérial.

Dion Cassius raconte que Commode tandis qu'il s'exerçait dans son palais à donner, le rasoir à la main, un coup au mollet de son antagoniste, à l'acte où celui-ci faisait la parade opportune, il lui coupait le nez. Lorsque Commode sortait, il était toujours précédé par des esclaves qui portaient la peau du lion et la clave, attribution d'Hercule, protecteur des gladiateurs. Et pour sa position de chef des gladiateurs il exigeait 200,000 frs. par jour. Cependant il méritait cette somme puisqu'il ne descendit à combattre dans l'arène pas moins de 753 fois, et Dion Cassius, témoin oculaire, écrit qu'une fois il y descendit pour 14 jours de suite combattant avec les gladiateurs et tuant une centaine d'ours. Il exigeait qu'on enregistrât ces actes dans les annales publics et à cause de ceux-ci il prit les titres de Fortuné, Germanicus, Très-Grand, Britannicus, Pacificateur du monde, Invincible, Hercule romain, Père de la patrie, Amazonius, Triomphateur. Les chevaliers et les sénateurs étaient obligés, sous peine de mort, d'applaudir et de crier: « Tu es notre seigneur et notre maître, le premier, le plus fortuné et le seul conquérant et tu seras toujours tel ».

Plusieurs mois de l'année prirent le nom

de lui: on appela Herculéens les jours dans lesquels il reçut les titres de César et de Germanicus. Le Sénat, bien que détesté de l'Empereur, eut l'appellatif de *Commodien*, et on appela commodienne l'armée, commodien le siècle et commodien même le peuple romain; bien plus, Rome même devint une colonie commodienne dans les mémoires de laquelle il en était dit le Fondateur. Les sommes dissipées pour les jeux étaient sans borne et chaque jour on appliquait de nouveaux impôts afin de procurer de l'argent; les citoyens plus riches étaient condamnés à la mort et rachetés seulement d'après le payement de fortes sommes et leurs propriétés étaient saisies par le fisc. Tout habitant de Rome était obligé à payer deux monnaies en or à l'occasion du jour natal de Commode.

Il profitait de toute chose: les gouvernements des colonies et des provinces étaient confiés au plus offrant; les mariages, les funérailles tout lui servait de prétexte à extorquer de l'argent et il contaminait tout par sa personne. Même les temples furent le théâtre de ses orgies et on ne manquait pas de dédier aux Dieux des inscriptions et des monuments pour la conservation de ce monstre exécrable. On frappa des médailles dans lesquelles il était dit « donneur de la liberté », on loua sa piété à son bénéfice et on le salua supérieur à tous les empereurs précédents. On appelait Rome heureuse à cause de lui, heureux son siècle, son règne fortuné et lui-même était appelé sûreté et délice du genre humain. La profession du gladiateur, qui était auparavant déclarée infame par les lois, devint très noble et à Rome on institua des écoles spéciales sous le patronat de l'Empereur. On accourait à Rome de toute part pour assister aux spectacles désormais devenus célèbres dans tout le monde. Enfin Commode fut empoisonné et étranglé et le Sénat, saluant Pertinax avec le nom de César, ordonna que le corps de Commode fût traité comme celui d'un gladiateur, c'est-à-dire unciné, traîné à travers de l'arène jusqu'au *spoliatorium* et là réduit en pièces.

Abolition des combats gladiatoires.

Constantin essaya de mettre fin aux combats gladiatoires comme quelques-uns de ses *précédécesseurs avait essayé de les rendre* moins fréquents et moins cruels. Mais il fallait lutter contre l'habitude passionnée du peuple romain.

La fin de ces spectacles est attribué à un moine oriental venu à Rome sous Honorius (402 ap. C.) et qui en s'offrant comme victime dans le Colisée prouva la cruauté et la profonde immoralité des jeux gladiatoires. La tradition de ce moine (Télémaque ou Almachius) n'est pas historiquement confirmée; cependant est-il bien sûr que la cause qui décida l'abolition fut la morale proclamée par le Christianisme qui, en proclamant la fraternité universelle, nia l'esclavage et éleva la vie humaine. Il est certain que de simples dispositions législatives n'auraient pas suffi; il fallait un changement radical intérieur, une nouvelle orientation des consciences et une évaluation plus élevée de la vie.

A cela parvint la morale chrétienne à la fin de l'empire entre le ive et le ve siècle, et si le Christianisme n'avait fait que cela il aurait par cela seulement écrit une page immortelle dans le grand livre de l'histoire humaine!

Les bêtes féroces.

Nous dirons maintenant quelques mots sur la provenance des bêtes féroces qui servaient aux spectacles. Elles étaient pourvues des provinces et par des privés étrangers. Les ours venaient de la Pannonie et des bois de la Calédonie (à présent Ecosse). Les lions et les tigres venaient de l'Afrique et surtout du territoire carthaginois et de la Numidie; les panthères venaient de la Perse, les éléphants et les rhinocéros de l'Inde, les crocodiles et les hippopotames de l'Egypte. Les entrepreneurs des spectacles s'occupaient de la chasse dans laquelle on employait un grand nombre de personnes qui devaient prendre sans les blesser les bêtes féroces qui étaient transportées à Rome par une escorte d'adeptes spéciaux (*mansuetarii*) aux ordres du *Domitor* (dompteur); il y avait aussi des gardiens (*custodes*). On mettait les bêtes féroces dans des cages d'ébène et on les portait dans le *vivarium* principal près de la porte Prénestine (aujourd'hui Majeure). Un autre *vivarium* était sur le Célius à la distance de 200 mètres du Colisée, près de la maison de Claudius. Cette ménagerie (*vivarium urbanum*) était surveillée par les prétoriens et par les gardes urbaines. Les fournisseurs des bêtes féroces qui n'en apportaient pas le nombre fixé étaient condamnés à de graves amendes par l'Empereur ou par l'entrepreneur.

L'histoire d'Androcle.

Dans un ouvrage sur les anciens spectacles du Colisée nous ne pouvons pas nous passer de parler *de l'épisode d'Androcle* et du lion. Androcle était un misérable esclave qui fut livré dans l'arène *ad bestias*; un terrible lion d'une grandeur et d'une force formidable se jeta contre lui. Déjà l'esclave se considérait mis en pièces par la bête féroce lorsque celle-ci aussitôt qu'elle le vit s'arrêta un instant comme surprise: elle s'approcha lentement de lui secouant joyeusement la queue comme si elle le connaissait, et au lieu de lui faire du mal elle commença à le lécher avec douceur tandis qu'à son tour Androcle caressait le lion comme s'il avait lui-même reconnu un ancien ami. On suspendit le spectacle au milieu des acclamations de la foule, et Androcle fut conduit à la présence de l'Empereur qui lui demanda explication de l'évènement étrange. Androcle raconta que lorsqu'il était en Afrique avec son maître, proconsul romain, celui-ci le battait quotidiennement, et alors il pensa de s'échapper dans un bois, préférant mourir de faim plutôt que sous les coups de son maître inhumain. S'étant retiré dans

4

une caverne, un jour il vit entrer un formidable lion auquel le sang coulait d'une patte blessée et qui rugissait lamentablement à cause de la douleur. Androcle s'épouvanta, mais le lion s'approcha tout doucement de lui et lui montra la patte blessée comme s'il lui demandait son secours. Alors Androcle tira soigneusement de la patte de la bête féroce une longue épine qui s'y était enfoncée et lava la blessure. Après que la douleur eût cessé le lion posa la patte sur la poitrine d'Androcle et s'endormit. Androcle et le lion vécurent amicalement ensemble pendant trois ans. Le lion allait chasser et portait dans la caverne la proie de laquelle les deux se nourissaient. A la fin Androcle ennuyé de telle compagnie s'enfuit du bois et se dirigea vers le lieux habités. Trois jours après ayant été arrêté par les soldats, il fut remis à l'état d'esclavage aux ordres de son ancien maître, reconduit à Rome et pour châtiment livré *ad bestias*. Androcle reconnut son ancien compagnon de solitude africaine dans le lion qui lui avait fait bon accueil au lieu de le mettre en pièces.

Après avoir appris cela César ordonna qu'on en prît note. Androcle, par volonté du peuple, fut remis en liberté et on lui donna le lion qu'il conduisait dans les rues de Rome comme un chien tenu par une corde.

Le peuple jetait des fleurs au lion et de l'argent à l'esclave affranchi appelant celui-là « hôte de l'homme » et celui-ci « médecin du lion ». Sénèque rapporte un fait presque semblable qui serait arrivé dans l'amphithéâtre, de Statilius Taurus et qui est confirmé même par St. Sabba.

Nous finirons avec un bien triste chiffre statistique: durant l'époque des combats gladiatoires, le nombre des victimes qui teignirent de leur sang l'arène du Colisée pour l'amusement du peuple romain, et comprenant dans le calcul les gladiateurs, les chrétiens et les condamnés à la mort pour d'autres raisons, atteignit le demi-million.

TROISIÈME PARTIE

LE COLISÉE APRÈS L'ÉPOQUE ROMAINE

A l'époque de Charlemagne (siècle VIIIe ap. C.) le Colisée était presque intact comme à l'époque de sa construction et ce fut précisément le pèlerin anglo-saxon, appelé le vénérable Béda, aux temps de Charlemagne, qui fut le premier à appeler Colisée l'amphithéâtre Flavien qui auparavant avait toujours porté ce dernier nom (Colisée, comme édifice colossal). On attribue à Béda les vers qui suivent:

Quamdiu stabit Colyseum stabit et Roma;
Quando cadet Colyseum cadet et Roma;
Quando cadet Roma cadet et mundus.

(Tant que le Colisée existe, Rome existera; si le Colisée périt, Rome périra; et avec elle le monde entier!).

Plus tard, en plein moyen-âge, l'an 1100, le Colisée fut transformé en forteresse par les Frangipane, tandis que les Colonna s'emparèrent du mausolée d'Auguste et les Orsini de Castel St. Angelo (la môle d'Adrien). Ces trois familles étaient les plus illustres à Rome dont elles se disputaient réciproquement la suprématie. (La famille Frangipane est origi-

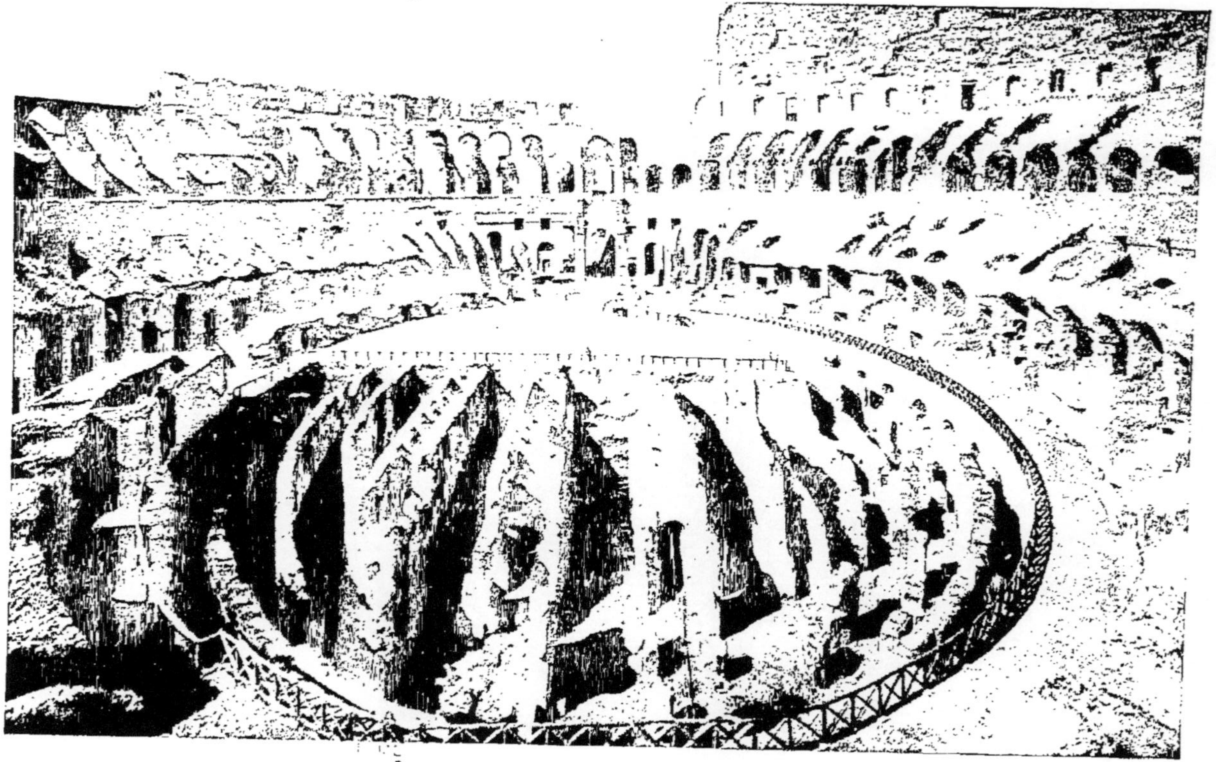

INTÉRIEUR DU COLISÉE

naire de l'Ecosse et le nom leur vient du fait qu'ils [*tagliavano, frangevano*] coupaient le pain afin de le donner aux pauvres. Par conséquent: famille des *frangi-pane = coupe pain*). Les Frangipane construisirent au milieu du Colisée une espèce de forteresse dont on voit encore les restes.

Dans le château des Frangipane se refugièrent pendant le moyen-âge plusieurs papes sous la protection des propriétaires, par exemple, Innocent II. Ensuite cette forteresse comme toutes les autres tomba en pouvoir du peuple, mais les Frangipane s'en emparèrent de nouveau.

Un autre pape aussi fut accueilli dans le Colisée: Alexandre III de la famille Bandinelli de Sienne sous le pontificat duquel s'incendia la belle église de Ste-Marie de la Tour qui se trouvait près de St-Michel à Ripagrande. Lorsque Frédéric Barberousse descendit à Rome et s'empara de St-Pierre s'y faisant couronner avec son épouse, Alexandre III qui ne se considérait pas assez en sûreté à St-Jean de Latran (ainsi appelé parce qu'à l'époque romaine y habitèrent les familles des *Plautii Laterani*), se réfugia dans le Colisée d'où il se sauva ensuite à Terracine. En 1311 le Colisée passa à la famille Annibaldi. Cependant le peuple commença à se plaindre réclamant l'ouverture du Colisée comme monument public et envoya des rapports au pape Clément V qui résidait à Avignon. Clément envoya à Rome trois cardinaux légats qui déférèrent à l'autorité judiciaire ceux qui s'étaient emparés du Colisée.

Tournois médiévaux.

Le Colisée fut ouvert de nouveau au public et on y donna des combats de taureaux et des jeux équestres ou des tournois. Les fêtes commencèrent au 3 de septembre en l'an 1334 avec un concours extraordinaire de toute la noblesse romaine des deux sexes; au devant des tribunes, somptueusement parées avec des tapis damassés, on y voyait la Savelli, l'Orsini et son fiancé, la famille des Colonna, etc. L'élite de la noblesse d'Italie prit part aux jeux.

On tirait au sort ceux qui devaient exécuter les jeux. Galeotto Malatesta de Rimini qui portait sur son casque le mot: « Moi seul je suis Horace » il entra le premier dans l'arène; il était habillé en vert. Cecco della Valle, le mot écrit sur le cimeterre: « Je suis Enée pour Lavinie », il entra le deuxième, il était

EXTÉRIEUR DU COLISÉE

habillé en blanc et noir. Mecostallo était habillé en noir, en deuil à cause de la mort de son épouse et portait le mot: « Ainsi inconsolé je vis ». Caffarello endossait un habit de poil taché comme la peau du lion et avait pour mot: « Qui plus fort que moi? ». Le fils de monsieur Ludovic de Polenta de Ravenne habillé en rouge et noir avait pour mot: « Si je meurs couvrez-moi de sang, quelle douce mort! ».

A un de ces combats périrent 25 taureaux et 18 chevaliers. Quelques-uns de ces chevaliers furent ensevelis à Ste-Marie Majeure et quelques autres à St-Jean de Latran.

Dévastations et restaurations.

A septembre de l'an 1349, trente ans après ces tournois, à l'époque de Cola di Rienzo, un tremblement de terre endommagea beaucoup le Colisée et les deux côtés qui donnent sur le Célius et le Palatin s'écroulèrent presque entièrement. Au xive siècle le Colisée fut déclaré propriété commune afin que tous fussent autorisés à en extraire tout le marbre qu'ils désiraient comme matériel de construction. Ce fut ainsi qu'en 1480 le cardinal Riario enleva le matériel pour fabriquer le palais de la Chancellerie; le pape Paul II (de la famille Barbo de Venise, enleva le matériel pour le palais Venise où demeura Charles VIII de France lorsqu'en se rendant à la conquête du royaume de Naples il s'arrêta quelque temps à Rome. Ce palais fut l'œuvre de Giulio da Majano. Le pape Paul III (Farnèse) enleva du Colisée et du théâtre Marcellus les matériaux pour le palais Farnèse, œuvre de l'architecte Antoine de Sangallo. Le Bernin enleva du Colisée les matériaux pour le palais Barberini. Cette destruction de vandales finit, grâce à une bulle du 1750 par laquelle Benoît XIV (Lambertini de Bologne) menaça d'excommunier quiconque enlevait du matériel du Colisée qu'il consacra à Jésus en honneur et en souvenir du sang que les martyrs y avaient versé. Une inscription sous laquelle est une image de Jésus placée au dehors du Colisée, du côté oriental, rappelle encore cela. Le même pape construisit dans le Colisée les quatorze oratoires ou stations de la *Via Crucis*, au milieu desquelles s'élévait une grande croix que les fidèles baisaient avec dévotion. Chaque vendredi une confrérie, qui avait le nom de *Sacconi*, y faisait une procession avec un immense concours de peuple. Le nom (*Sacconi*) vient du fait que les confrères étaient complètement couverts par un sac n'ayant de visible que les yeux.

En l'an 1872, deux ans après la prise de Rome, le commandeur Pierre Rosa, directeur des monuments, ordonna la démolition des oratoires de la *Via Crucis* et fit transporter la croix à St-Adrien au Forum Romain.

Pierre Rosa fit exécuter des fouilles et à la profondité de 6 m. il trouva le pavé primitif en briques placées de champ (*opus spicatum*). Du côté Est, il trouva l'ancien égoût qui tourne vers l'Esquilin, traverse la *Meta sudante* et va directement au Tibre. Cet égoût fut assez bien restauré avec la dépense de 200,000 francs, de sorte que même dans le cas d'une inondation du fleuve, il n'est pas possible que l'eau y pénètre. Maintenant, en faisant le tour et en passant près d'une porte moderne en fer, en correspondance à l'axe mineur de l'édifice, on distingue sa conformation général. Ici il y a la place de la loge impériale vis-à-vis de laquelle était la place réservée aux Vestales.

L'Empereur entrait par deux portes. De la grande porte (Porte Palatine) il entrait en forme officielle, de la porte de fer il entrait en forme privée. De cette loge après que (comme nous avons vu au deuxième chapitre) les gladiateurs avaient défilé devant la loge impériale et avaient prononcé la formule bien connue, l'Empereur buvait son meilleur vin de Falerne à la santé du peuple romain qui se levait et applaudissait en disant: « César, bois à ta santé, à ton bonheur éternel, il faut que tu saches que nous sommes un peuple fier, toujours prêt à combattre pour toi et selon ton vouloir; ordonne que l'on commence ». Alors à un signe de César les *Tibicinaires* sonnaient et la lutte commençait.

En tournant on trouve un corridor souterrain appelé « andatore ». Il était orné de marbres précieux et de stucs dont on aperçoit les traces. Le corridor, long de 300 m., conduisait au palais des Césars et était éclairé par de grands *lucernari* tout le long de son parcours. Ce corridor fut construit d'après l'ordre de Commode et là eut lieu l'attentat contre cet Empereur.

Les prisons des martyrs.

Plus loin, dans la deuxième arcade, on trouve 22 prisons fermées par des grilles en fer: on y renfermait provisoirement les condamnés à mourir dans l'arène combattant ou dévorés; c'étaient des esclaves rebelles, des criminels communs, des prisonniers de guerre, des juifs, des chrétiens, des mépriseurs des idoles, etc. Une des premières prisons qu'on voit est celle de St Ignace, évêque d'Antioche. Sous Trajan, 250 chrétiens furent massacrés dans l'arène par les dards des prétoriens.

Le premier martyr du Colisée fut St Ignace qui fut, à ce qu'on dit, béni par Jésus-Christ. Disciple de St Jean et ami de St Polycarpe, il fut envoyé à Rome d'Antioche d'après l'ordre de Trajan. Exposé dans l'arène il levait les mains en extase et criait: « Romains qui êtes présents, sâchez qu'on m'a amené ici non pour avoir commis un crime mais seulement par ordre de Trajan. De cette manière, je vais acquérir, peut-être, la gloire éternelle par volonté de Notre Seigneur pour l'amour duquel j'ai été emprisonné ». Ensuite il ajouta : « Romains, je suis comme le blé des champs et on m'a destiné à être moulu par les dents de ces lions. Je deviendrai pain pour la table de Dieu ».

Les esclaves ouvrirent les grilles aux lions qui se jetèrent sur le saint et le mirent en pièces. Les os, réunis par cinq de ses compagnons syriaques, furent transportés dans la maison de St Clément, évêque de Rome, et de là en Antioche dans un sanctuaire hors la porte *Dafnitica* et ensuite, lorsqu'Antioche tomba en pouvoir des Sarrasins, les reliques de St Ignace furent portées de nouveau dans l'église de St-Clément à Rome où elles sont encore conservées dans le maître-autel.

On voit plus en avant une autre prison importante, celle de St Polycarpe disciple de St Jean apôtre qui le consacra évêque de Smyrne. St Polycarpe fut un des plus grands évêques asiatiques. Sous Antonin-le-Pieux il fut brûlé au centre du Colisée et ensuite transpercé par des coups d'épée. Ses reliques sont à Smyrne et sa fête est célébrée le 26 janvier.

Dans une autre prison plus loin demeura St Placide qui sous Adrien (dont il était un vaillant général) fut livré aux bêtes féroces avec sa femme et ses deux filles. Il fut condamné parce qu'ayant mérité le triomphe il refusa de sacrifier à Jupiter. La légende raconte que les lions et les ours non seulement refusèrent de le mettre en pièces mais s'agenouillèrent devant lui. L'Empereur irrité ordonna qu'on renferma Placide avec la famille dans un taureau de bronze des narines duquel sortait le feu, et il les fit brûler là-dedans.

Le dernier chrétien mort au Colisée fut un pèlerin français dit « le Saint aumônier ». Il dormait dans une de ces anciennes prisons et mourut en l'an 1783 après une longue vie d'abstinence et de dévotion. Il fut béatifié par Pie IX en l'an 1860 et il est vénéré comme le bienheureux Joseph Labré l'ermite du Colisée.

Après les prisons on trouve un souterrain qui conduisait au *vivarium*; c'est la partie la mieux conservée de l'antique construction.

Ici demeuraient en des cavernes les bêtes féroces pendant deux jours sans manger afin qu'elles fussent plus affamées lorsqu'on les lançaient dans l'arène comme nous lisons dans le *Quo Vadis?* de Henri Sienkiewicz. Ici existait le *spoliatorium* où les gladiateur étaient déshabillés et visités par les médecins; ceux qu'on jugeait guérissables étaient soignés, les autres étaient coupés en pièces ou brûlés; dans le premier cas on les donnait en aliment aux bêtes féroces.

En sortant des souterrains à l'extérieur on voit une pierre surmontée de la croix qui est au-dessus de la figure de N. S. avec l'inscription des papes Clément X et Benoît XIV qui consacrèrent l'édifice aux martyrs chrétiens.

AMPHITHEATRUM · FLAVIUM
TRIUMPHIS · SPECTACULISQUE · INSIGNE
DIIS · GENTIUM · IMPIO · CULTU · DICATUM
MARTYRUM · CRUORE · AB · IMPURA · SUPERSTITIONE
EXPIATUM
NE · FORTITUDINIS · EORUM · EXCIDERET · MEMORIA
MONUMENTUM
A · CLEMENTE · X · P.M.
AN · JUB · MDCLXXV
PARIETINIS · DEALBATIS · DEPICTUM
TEMPORUM · INIURA · DELETUM
BENEDICTUS · XIV · P.M.
MARMOREUM · REDDI · CURAVIT
AN · JUB · MDCCL · PONT · X

que nous traduisons ainsi:

L'AMPHITHÉATRE FLAVIEN
MONUMENT JADIS ILLUSTRE POUR DES TRIOMPHES
ET DES SPECTACLES
DÉDIÉ PAR UN CULTE IMPIE AUX DIEUX PAÏENS
ET ENSUITE PURIFIÉ
DE L'IMPURE SUPERSTITION PAR LE SANG
DES MARTYRS
AFIN D'ÉTERNER LE SOUVENIR DE LEUR FERMETÉ
FUT PAR CLÉMENT X PONTIFE SUPRÊME
REVÊTU DE MARBRES BLANCS
EN L'AN DU JUBILÉ 1675
DÉVASTÉ PAR LES INJURES DU TEMPS
BENOÎT PONTIFE SUPRÊME
EN ORDONNA LA RECONSTRUCTION EN MARBRE
EN L'AN DU JUBILÉ 1750
DIXIÈME DE SON PONTIFICAT

La grande muraille appelé *éperon* ou *talus* fut construite par Pie VII (comme dit *la pierre*) pour support de l'édifice qui sans cela se serait écroulé. Il y a dix ans environ en exécutant des excavations, on trouva le pavé de l'ancienne « Rue des Carines » avec quelques socles ou bornes qui soutenaient les chaînes qui entouraient le monument. Souvent le peuple dormait au delà de ces chaînes, en plein air attendant l'ouverture de l'amphithéâtre.

Les patriciens pour entrer payaient trois sexterses, cependant 20,000 plébéiens entraient gratis. A peine entrés dans le *vomitoire* interne chacun présentait la *tessère en ivoire*, ou billet d'entrée, au *locator* ou *designator* qui le conduisait à la place à laquelle il avait droit.

Dans la deuxième arcade interne on trouve l'ancien oratoire de Ste-Marie de la Piété, restaurée par la confrérie *des Gonfaloniers* et appelée aujourd'hui « Oratoire de Sainte-Hélène ».

Avant de finir nous dirons quelques mots sur les quatre opinions traditionnelles pour expliquer tous les trous que l'on voit tout autour du Colisée.

La première opinion est que les barbares

qui saccagèrent plusieurs fois Rome, enviant sa majesté et sa grandeur, et ne pouvant pas démolir cet édifice voulurent le déformer en cette manière afin qu'aucune pierre ne touchât la pierre voisine.

Selon une autre opinion on aurait fait ces trous pour en extraire les crampons de fer ou de bronze et les convertir en armes au temps des guerres civiles au moyen-âge, ou bien pour en extraire le plomb nécessaire à la fabrication des petites boulles à l'époque de l'invention de la poudre (fin du XVe siècle).

Enfin une quatrième opinion soutient qu'on doit ses trous aux chrétiens qui se réunissaient souvent dans le Colisée à prier et avaient souvent en pénitence de leurs péchés l'ordre de faire ces trous dans les arcades du Colisée.

Mais quoique ainsi déformé et quoique les deux tiers de cette môle gigantesque soient à présent détruits, ce qui reste suffit encore à en former une masse énorme et majestueuse.

Un architecte du siècle dernier a évalué, d'après les prix de l'époque, à huit millions la valeur des matériaux qui restent, ne tenant pas compte, celà va sans dire, de la valeur historique et artistique de l'édifice.

Nous avons par là indiqué rapidement

tout ce qu'on peut dire de cet insigne monument, qui fut appelé une des sept merveilles du monde, qui réunit en lui les souvenirs de deux civilisations et de deux religions, qui est et sera dans les siècles une des plus anciennes reliques du plus grand peuple de l'antiquité.

FIN.

ORAIRE DES MONUMENTS

Le Colisée, le Forum Romain, le Palatin, les Thermes de Titus et les Thermes de Caracalla sont ouverts du 20 septembre au 30 juin, depuis neuf heures du matin jusqu'à une demi-heure avant le coucher du soleil; du 30 juin au 20 septembre, depuis huit heures du matin jusqu'à midi, et depuis trois heures et demie après midi jusqu'à une demi-heure avant le coucher du soleil.

Les galeries et les musées nationaux sont ouverts depuis dix heures du matin à quatre heures de l'après-midi; les musées du Capitole et du Vatican, depuis dix heures du matin à trois heures du soir; cependant les musées du Capitole sont ouverts au dimanche, depuis dix heures du matin à une heure après midi, tandis que les musées du Vatican au dimanche sont fermés.

LES MONUMENTS NATIONAUX SONT FERMÉS
DANS LES JOURS SUIVANTS DE L'ANNÉE:

1er janvier – Jour de l'an.
6 janvier – Epiphanie.
8 janvier – Jour de la naissance de Sa Majesté la Reine Hélène.
Le dernier dimanche de Carnaval.
Le Jeudi Saint.
Le jour de Pâque.
Le jour de l'Ascension de N. S., 40 jours après Pâque.

Le premier dimanche de juin fête du Statut (Constitution).

Le jour du Corpus Domini (Fête-Dieu), 60 jours après Pâque.

29 juin – St Pierre.

29 juillet – Mort de Sa Majesté Humbert Ier.

15 août – Assomption de la Sainte Vierge.

8 septembre – Naissance de la Sainte Vierge.

20 septembre – Fête Nationale (prise de Rome).

Ier novembre – La Toussaint.

11 novembre – Naissance de Sa Majesté Victor Emmanuel III.

20 novembre – Naissance de Sa Majesté la Reine Mère.

8 décembre – Conception de la Sainte Vierge.

25 décembre – Noël.

Tous les dimanches dans lesquels ont lieu des élections politiques ou administratives.

LES GALERIES DU VATICAN SONT FERMÉES TOUS LES DIMANCHES ET LES JOURS SUIVANTS:

Ier janvier – Jour de l'an.

6 janvier – Epiphanie.

2 février – Purification de la Sainte Vierge.

Le dernier jour de Carnaval.

19 mars – St Joseph.

25 mars – Annonciation de Marie

Vendredi Saint.

Samedi Saint.

Pâque de Resurrection.

26 mai – St Philippe.

Ascension de Notre Seigneur, 40 jours après Pâque.

24 juin – St Jean Baptiste.

29 juin – St Pierre.

15 août – Assomption de Marie.

8 septembre – Nativité de Marie.

29 septembre – St Michel.

Dernier Jeudi d'octobre.

1ᵉʳ novembre – La Toussaint.

2 novembre – Commémoration des morts.

16 novembre – Jubilé de S. S. Pie X.

8 décembre – Conception de Marie.

25 décembre – Noël.

26 décembre – St Etienne.

27 décembre – St Jean Evangéliste.

LES MUSÉE CAPITOLINS SONT FERMÉS DANS LES JOURS SUIVANTS DE L'ANNÉE:

1. Le 25 décembre (Noël).
2. Le jour de Pâque.
3. Le jour du Statut (Constitution),
4. Le 20 septembre.
5. La Toussaint (1ᵉʳ novembre).

INDEX

PRÉFACE . . . . page 3

PREMIÈRE PARTIE: Notices générales sur le Colisée 5

DEUXIÈME PARTIE: Les combats des gladiateurs . 15
Origine des combats des gladiateurs. . . . 16
Différentes classes de gladiateurs 23
Les spectacles 28
Spartacus et la guerre servile 37
L'empereur Commode et ses extravagances . 41
Abolition des combats gladiatoires 46
Les bêtes féroces 47
L'histoire d'Androcle 49

TROISIÈME PARTIE: Le Colisée après l'époque
romaine 52
Tournois médiévaux 54
Dévastations et restaurations 55
Les prisons des martyrs 58

ORAIRE DES MONUMENTS 67

www.ingramcontent.com/pod-product-compliance
Ingram Content Group UK Ltd.
Pitfield, Milton Keynes, MK11 3LW, UK
UKHW020024100726
13658UKWH00003B/1096